헬렌 켈러

일러두기

1. 이 시리즈는 영국 Franklin Watts 출판사의 「Famous People Famous Lives」 시리즈를 기반으로 국내 창작물을 덧붙인 초등학교 저학년 대상의 인물 이야기입니다.
2. 초등학교 저학년이 이해하기 힘든 사건이나 사실들은 편집부에서 설명을 덧붙였습니다.
3. 사람 이름이나 지역 이름 등 외국에서 들어온 말은 국립 국어원의 외래어 표기법을 따랐습니다.

Famous People Famous Lives
HELEN KELLER
by Harriet Castor and illustrated by Nick Ward

Text Copyright ⓒ 1999 by Harriet Castor
Illustrations Copyright ⓒ 1999 by Nick Ward
All rights reserved.

Korean Translation Copyright ⓒ 2010 by BIR Publishing Co., Ltd.
Korean translation edition is published by arrangement with Franklin Watts,
a division of the Watts Publishing Group Ltd. through Imprima Korea Agency.

이 책의 한국어판 저작권은 Imprima Korea Agency를 통해 저작권사와 독점 계약한 (주)**비룡소**에 있습니다.
저작권법에 의해 한국 내에서 보호를 받는 저작물이므로 무단 전재와 무단 복제를 금합니다.

헬렌 켈러

해리엇 캐스터 글 닉 워드 그림 김경미 옮김

비룡소

　1880년 여름, 미국 남부의 앨라배마주에서 귀여운 여자아이가 태어났어요. 아이 이름은 외할머니 이름을 따서 헬렌 켈러라고 지었어요.
　헬렌은 무럭무럭 자랐어요. 그런데 어느 날, 갑자기 열이 나더니 심하게 앓기 시작했어요. 태어난 지 겨우 19개월 되던 때였지요.

다행히 병은 나았지만, 헬렌은 보지도 듣지도 말하지도 못하게 되었어요. 갑자기 빛과 소리를 모두 잃어버린 거예요.

헬렌의 부모님은 헬렌을 데리고 유명하다는 의사들을 모두 찾아다녔어요. 하지만 아무 소용 없었어요. 의사들은 한결같이 헬렌의 눈과 귀를 되돌릴 수 없을 거라고 말했어요.

말하지 못하는 헬렌은 손과 발을 움직여서 자기가 원하는 것을 알렸어요. 하지만 사람들은 헬렌의 몸짓을 잘 이해하지 못했어요. 그럴 때마다 헬렌은 자기 뜻대로 되지 않는 게 화가 나서 마구 성질을 부렸어요. 마룻바닥에 누워 발버둥을 치거나, 가까이에 있는 사람을 할퀴는 일도 예사였죠.

하지만 헬렌의 부모님은 헬렌을 쉽게 꾸짖지 못했어요. 안타까운 마음에 한숨만 내쉬었지요. 헬렌의 행동은 나날이 거칠어졌어요.

그러던 어느 날, 헬렌의 엄마는 보고 듣지 못하는 아이들을 가르친다는 퍼킨스 시각 장애인 학교 이야기를 들었어요. 전화를 발명한 벨 박사의 소개로 알게 된 것이었지요. 헬렌의 엄마는 퍼킨스 학교에 헬렌을 가르쳐 줄 선생님을 보내 달라고 부탁했어요.

그렇게 헬렌은 일곱 살 때 설리번 선생님을 처음 만났어요. 설리번 선생님도 헬렌처럼, 어릴 때 앓은 병으로 앞을 보지 못했어요. 하지만 포기하지 않고 여러 번 수술을 받아 흐릿하게나마 볼 수 있었지요.

설리번 선생님은 헬렌에게 인형을 선물했어요. 헬렌이 인형을 받고 기뻐하자, 설리번 선생님은 헬렌의 손바닥에 '인형'이라고 써 주었어요.

헬렌은 선생님의 행동이 무슨 뜻인지 몰라서 고개를 갸웃거렸어요. 하지만 선생님은 개의치 않고 몇 번씩이고 반복해서 똑같은 글자를 써 주었지요. 곧 헬렌도 선생님의 손바닥에 '인형'이라고 따라 썼어요. 하지만 그것이 자신이 안고 있는 물건의 이름이라는 것은 알지 못했지요.

　헬렌의 식사 예절은 엉망이었어요. 다른 사람이 식사하는 모습을 한 번도 본 적 없었기 때문이지요. 헬렌은 숟가락과 포크를 쥐어 주면 바닥에 던져 버렸어요. 다른 사람의 음식도 마구 집어 먹었고요.

설리번 선생님은 헬렌에게 식사 예절부터 가르쳐야겠다고 생각했어요. 헬렌이 아무리 울고 소리를 질러도 절대로 제멋대로 굴게 놔두지 않았어요.

한번은 헬렌이 발버둥을 치는 바람에 설리번 선생님의 이가 두 개나 부러지기도 했어요. 그래도 설리번 선생님은 포기하지 않았어요.

　그때까지 헬렌을 가엾게만 여겼던 헬렌의 부모님은 깜짝 놀랐어요. 설리번 선생님이 헬렌을 너무 심하게 대하는 것 같아 화가 나기도 했지요.
　설리번 선생님은 헬렌의 버릇을 고치려면 잠시라도 가족과 떨어져 있어야겠다고 생각했어요. 그래서 헬렌의 부모님을 설득해서 근처에 작은 집을 빌렸어요.

　설리번 선생님은 새 집을 직접 꾸몄어요. 헬렌의 방과 비슷하게 가구를 놓아서 헬렌이 가구에 부딪히거나 긁히지 않도록 조심했지요. 헬렌은 이곳에서 지내면서 몰라보게 달라졌어요. 아무리 떼쓰고 몸부림쳐도 도와주러 오는 사람이 없다는 것을 알게 되자, 헬렌은 차츰 설리번 선생님의 말에 귀 기울이기 시작했어요.

설리번 선생님은 헬렌이 어떤 물건에 관심을 보일 때마다 그 물건의 이름을 손바닥에 적어 주었어요. 하지만 헬렌은 그것들이 무슨 뜻인지는 여전히 몰랐지요.

1887년 4월 5일은 헬렌과 설리번 선생님 둘에게 잊을 수 없는 날이었어요. 설리번 선생님은 펌프질 해 올린 차가운 물을 헬렌의 손에 끼얹었어요. 그러고는 헬렌의 손바닥에 '물'이라고 써 주었지요.

헬렌은 깜짝 놀랐어요. '물'이라는 글자가 무엇을 뜻하는지 비로소 알 것 같았거든요.

마침내 헬렌은 모든 사물에는 이름이 있다는 것을 이해했어요. 설리번 선생님과 만난 지 한 달 만의 일이었지요.
　헬렌은 시계, 탁자, 벽난로, 꽃병 등 손에 닿는 모든 것의 이름을 물었어요. 설리번 선생님은 손가락이 뻣뻣해질 때까지 물건의 이름을 써야 했지요.

헬렌은 더 이상 설리번 선생님을 차거나 때리지 않았어요. '선생님'이 무슨 뜻인지도 알게 되었지요. 헬렌은 설리번 선생님을 마음 깊이 믿고 따랐어요. 설리번 선생님도 헬렌의 곁에서 잠시도 떨어지지 않고 정성껏 돌보아 주었어요.

　설리번 선생님은 헬렌이 갓난아이처럼 말을 자연스럽게 깨우쳐야 한다고 생각했어요. 그래서 단어의 뜻을 설명하는 대신, 여러 문장을 헬렌의 손에 써 주었어요. 헬렌은 문장의 뜻을 스스로 이해하려고 노력했어요. 이건 아주 효과적인 교육 방법이었지만, 동시에 아주 힘든 방법이기도 했어요.

　호기심이 많은 헬렌은 잠시도 쉬지 않고 질문을 해 댔어요. 설리번 선생님은 종종 손가락이 뻣뻣해지고 글자를 더 이상 쓸 수 없을 만큼 지쳤어요. 그럴 때면 헬렌은 자기 손에 스스로 글자를 써 보며 궁금증을 참았어요.

넉 달 후, 헬렌은 태어나서 처음으로 편지를 썼어요. 종이에는 앞을 못 보는 헬렌이 줄 맞춰 글을 쓸 수 있도록 홈이 파여 있었지요. 헬렌은 연필을 꼭 쥐고 서툴지만 한 자 한 자 정성 들여 글을 썼어요.

헬렌, 엄마에게 편지 쓴다.
아빠가 헬렌에게 약 준다.
밀드레드, 그네에 앉는다.
밀드레드가 헬렌에게 키스한다.
선생님, 헬렌에게도 해 준다.
설리번 선생님이 헬렌에게
레모네이드 만들어 준다.

헬렌은 브라유 점자도 익혔어요. 브라유 점자는 눈이 보이지 않는 사람이 손가락으로 더듬어 글을 읽을 수 있도록 만들어진 문자예요. 두꺼운 종이에 도드라진 점들을 일정한 방식으로 박아 넣어서 만든 글자였지요.

설리번 선생님은 헬렌을 데리고 밖으로 자주 나갔어요. 헬렌이 맑은 공기를 마시고 햇볕을 쬐며 머리를 식힐 수 있도록 한 거예요. 호기심 많은 헬렌은 산책하는 동안에도 끊임없이 질문을 해 댔어요. 모처럼의 휴식 시간은 금세 수업이 되곤 했지요.

아홉 살 때부터 헬렌은 말하는 법을 배우기로 마음먹었어요. 설리번 선생님이 헬렌에게 특별한 선생님을 소개해 주었지요.

풀러 선생님은 헬렌에게 먼저 자신의 얼굴을 만지게 했어요. 선생님이 어떤 단어를 말하면 헬렌은 선생님의 얼굴을 만져 입술의 움직임과 혀의 위치를 기억했어요. 그리고 그것을 그대로 흉내 냈어요.

힘겨운 노력 끝에 헬렌은 마침내 소리 내어 말할 수 있게 되었어요. 완벽하지는 않지만 헬렌도 다른 사람들처럼 말할 수 있게 된 거예요.

헬렌을 처음 만난 사람들은 여전히 헬렌의 말을 잘 알아듣지 못했어요. 그래도 헬렌은 실망하지 않고 말하는 연습을 계속했어요.

열한 살 되던 해, 헬렌은 자신처럼 눈이 멀고 듣지 못하는 한 소년의 이야기를 들었어요. 집이 너무 가난해 소년은 곧 고아원에 보내질 참이었지요. 헬렌은 이 소년을 돕기로 결심했어요. 주위 사람들에게 도와 달라는 편지를 쓰고, 돈을 모으기 위해 모임도 열었어요.

신문과 잡지에도 글을 썼어요. 더 많은 관심을 끌어모아 자신과 같은 처지에 있는 사람들을 돕고 싶었거든요.

1900년에 헬렌은 래드클리프 대학에 입학했어요. 그 시절에는 여자가 대학을 가는 경우가 매우 드물었어요. 더욱이 보지도 듣지도 못하는 헬렌이 대학에 들어가기란 여간 힘든 일이 아니었지요. 하지만 헬렌은 피나는 노력 끝에 입학시험에서 좋은 성적을 받았어요.

래드클리프 대학에서도 헬렌과 설리번 선생님은 늘 함께였어요. 설리번 선생님은 수업 때마다 헬렌의 옆에 앉아 손바닥에 수업 내용을 써 주었어요. 때로는 책 한 권을 다 손바닥에 적어야 할 때도 있었지요. 대학에서 배우는 책들 중에는 브라유 점자로 나오지 않은 책들이 많았거든요. 그런 책들은 설리번 선생님이 일일이 점자로 옮겨 주었어요.

　설리번 선생님은 헬렌을 매일같이 돕느라 무척 지쳤어요. 하지만 조금도 내색하지 않고 헬렌이 바라는 만큼 공부할 수 있도록 도와주었지요. 헬렌은 설리번 선생님 덕분에 우수한 성적으로 대학을 졸업했어요.

헬렌은 자신처럼 몸이 불편한 아이들을 돕고 싶었어요. 그래서 설리번 선생님의 도움을 받아 강연을 하러 다녔어요.

　헬렌은 미국 전 지역을 돌며 자신의 이야기를 알리고 기부를 받아 가난하고 병든 사람들을 돕는 데 썼어요.
　나중에는 미국 밖으로도 나갔어요. 여러 해 동안 남아프리카 공화국, 이집트, 오스트레일리아, 일본, 아이슬란드 등 많은 나라를 여행했어요. 1937년에는 한국에도 들렀지요.

가는 곳마다 많은 사람들이 헬렌을 반겨 주었어요.
각 나라의 왕과 왕비, 대통령들은 헬렌을 몹시 만나고
싶어 했지요.
헬렌이 살아온 이야기를 듣고 사람들은 큰 감동을
받았어요.

하지만 설리번 선생님은 사람들의 관심에서 사라지는 경우가 많았어요. 헬렌은 이것이 마음에 들지 않았어요. 자신이 이룬 성공은 모두 설리번 선생님 덕분이라는 것을 잘 알고 있었거든요.

헬렌은 결코 자신의 행복에만 만족하지 않았어요.

헬렌은 자신처럼 눈이 보이지 않고 듣지 못하는 아이들이 학교에 다닐 수 있도록 도왔어요. 장애가 있는 사람도 행복하게 살 수 있어야 한다고 믿었거든요.

한번은 누군가가 헬렌에게 앞을 보지 못하는 사람들이 모여 사는 이스라엘의 특별한 마을 이야기를 해 주었어요. 헬렌이 그 이야기를 듣고 기뻐할 거라고 생각한 거예요. 하지만 헬렌은 오히려 크게 화를 냈어요. 헬렌은 장애인들도 다른 사람들과 함께 어울려 살아야 한다고 생각했거든요.

헬렌은 여성들의 권리를 찾는 데도 관심이 많았어요. 당시에는 여자들은 투표를 할 수 없었어요. 정치는 남자만 할 수 있는 일이라 여겼거든요.
　여성도 정치에 참여할 권리가 있다고 생각하는 사람들은 자신들의 요구가 받아들여질 때까지 다양한 방법으로 싸웠어요. 음식을 먹지 않거나, 반대하는 사람들과 몸싸움을 벌이기도 했지요.

헬렌은 그들을 지지하는 글을 쓰고 강연도 했어요. 자신의 의견을 당당히 밝히는 헬렌을 보고 그때 사람들은 깜짝 놀랐어요. 장애가 있는 사람들은 '정상인의 세계'에 참견해서는 안 된다고 생각했거든요.

헬렌은 어느새 아주 유명해졌어요. 헬렌의 인생을 다룬 영화도 만들어졌지요. 헬렌은 이 영화에 직접 출연했어요. 감독이 바닥을 두드려서 지시를 내리면 그 진동을 느끼고 연기했어요.

영화를 찍으면서 헬렌은 할리우드의 많은 영화배우들을 만났어요. 당시 영국에서 유명한 배우이자 감독이었던 찰리 채플린의 영화 작업실에 초대받기도 했지요.

1936년 설리번 선생님이 세상을 떠나자 헬렌은 큰 슬픔에 빠졌어요.

헬렌과 설리번 선생님은 거의 오십 년을 함께 지냈어요. 설리번 선생님은 헬렌에게 훌륭한 선생님이자 가장 친한 친구였지요. 헬렌은 선생님을 오랫동안 그리워했어요.

그 후에도 헬렌은 조수들의 도움을 받아 강연과 여행을 계속했어요. 그러다가 1968년 6월, 여든여덟 살의 나이로 세상을 떠났어요.

헬렌은 비록 보고 듣지 못했지만 마음의 눈으로 세상을 바라보고 어려운 처지의 사람들을 도와주었어요. 장애를 지닌 사람들도 뭐든지 해낼 수 있다는 것을 보여 주었지요. 그런 헬렌의 모습은 많은 사람들에게 감동을 주었고 마음의 눈을 뜨게 했답니다.

♣ 사진으로 보는 헬렌 켈러 이야기 ♣

시각 장애인을 위한 점자

점자는 손가락으로 더듬어 읽도록 만든 시각 장애인용 문자예요. 두꺼운 종이에 도드라진 점들을 일정한 방식으로 박아 넣어서

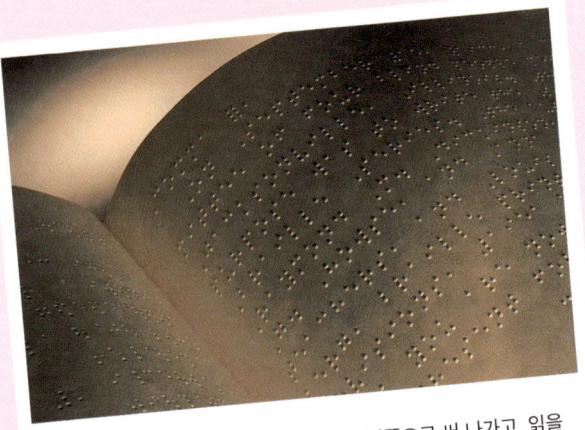

점자책이에요. 점자를 쓸 때는 오른쪽에서 왼쪽으로 써 나가고, 읽을 때는 뒤집어서 왼쪽에서 오른쪽으로 읽어요.

손으로 글자를 읽을 수 있도록 만들어졌지요.

점자는 크고 작은 여섯 개의 점을 활용해 문자와 부호 등을 나타내는데, 각 나라마다 그 나라 문자에 맞추어 사용하고 있어요.

점자는 프랑스의 시각 장애인 루이 브라유가 발명했어요. 그래서 서양에서는 그의 이름을 따 점자를 '브라유'라고 불러요.

알렉산더 그레이엄 벨과의 우정

알렉산더 그레이엄 벨은 전화 발명가로서뿐만 아니라 장애인들을 위한 교육자로도 유명해요.

벨이 장애인 교육에 관심을 갖게 된 것은 그의 어머니가 소리를 듣지 못하는 청각 장애인이었기 때문이에요. 벨은 전화를 발명해 받은 볼타상의 상금으로 볼타 연구소를 세웠어요. 거기서 소리를 연구하며 청각 장애인들을 교육시키기 위해 평생 최선을 다했지요.

벨은 헬렌 켈러의 부모님에게 헬렌

헬렌 켈러와 벨이 함께 있는 모습이에요. 헬렌 켈러와 벨은 무려 35년 동안 편지를 주고받으며 서로를 격려하고 위로했어요.

의 교육법에 대한 조언을 해 주었어요. 벨은 처음 만났을 때부터 헬렌의 몸짓을 잘 이해했을 뿐만 아니라, 평생 헬렌의 좋은 친구가 되어 주었어요.

헬렌의 스승이자 친구, 앤 설리번

앤 설리번은 1866년, 미국 매사추세츠주에서 태어났어요. 어렸을 때 헬렌처럼 앞을 보지 못했던 설리번은 1886년 보스턴에 있는 퍼킨스 시각 장애인 학교를 졸업했어요. 헬렌의 가정 교사로 일하

1962년에 상영된 영화 「미라클 워커」의 한 장면이에요. 이 영화는 헬렌 켈러와 앤 설리번의 이야기를 담았어요. 위 사진은 헬렌 켈러가 '물'이라는 글자를 배우는 장면이지요.

게 된 건 그다음 해였지요. 설리번은 자신만의 교육 방법으로 헬렌으로부터 놀라운 언어 능력을 이끌어 냈어요.

설리번은 헬렌 켈러가 대학에 들어간 후에도 옆에서 그의 공부를 항상 도와주었고, 헬렌과 함께 세계 곳곳으로 강연을 다녔어요.

1888년, 함께 휴가를 떠난 앤 설리번과 헬렌 켈러의 모습이에요.

헬렌 켈러와 앤 설리번이에요. 1888년도 사진과 비교해 보면 두 사람이 얼마나 오랜 시간 함께 지내 왔는지 알 수 있어요.

우리나라를 찾은 헬렌 켈러

헬렌 켈러는 오랜 시간을 들여 세계 여러 나라의 장애인들을 만났어요. 1937년 여름에는 우리나라에도 다녀갔지요. 헬렌 켈러는 자신과 같은 어려움을 겪고 있는 장애인들을 위해 강연을 열었어요.

내가 보지도 듣지도 못한다고 가엾게 여기는 사람들이 많습니다. 하지만 사실 가엾은 것은 내가 아니라, 눈 뜨고도 바른대로 볼 줄 모르는 사람들입니다. …… 장애인도 무엇이든 할 수 있습니다. 여러분. 고개를 숙이지 마십시오. 세상을 똑바로, 정면으로 바라보십시오.

이런 헬렌의 이야기는 많은 장애인들에게 용기를 주었어요.

장애인의 날

우리나라에서는 1981년에 '장애인의 날' 행사가 처음 열렸어요. 이후로 해마다 4월 20일을 장애인의 날로 정해, 장애인에 대한 이해를 깊게 하도록 했어요. 1989년에 개정된 「장애인 복지법」에 따라 1991년부터 법정 기념일로 공식 지정되었어요. 매년 4월 20일에 맞춰 기념 행사도 개최하고 있지요.

하지만 장애인에 대한 관심이 장애인의 날 하루만으로 끝나서는 안 돼요. 우리 주변만 둘러 봐도 장애인들을 위해 개선해야 할 것들이 아주 많지요.

다행히 최근에는 장애인들과 더불어 살고자 하는 노력이 늘어

나고 있어요. 휠체어를 태울 수 있도록 높이가 낮게 설계된 저상 버스, 시각 장애인들이 안전하게 걸을 수 있게 하는 점자 블록, 신호등이 바뀔 때마다 안내해 주는 음향 신호기, 장애인용 리프트 등이 이런 노력의 결과지요.

서울에서 운행하고 있는 저상 버스예요. 휠체어를 탄 장애인들이 편하게 오르내릴 수 있도록 바닥이 낮고 출입구에 계단이 없지요.

함께 보면 쏙쏙 이해되는 역사

◆ 1880년
미국에서 태어남.

◆ 1887년
앤 설리번이 헬렌 켈러의
가정 교사가 됨.

1880

1890

● 1894년
의료 선교사 로제타 홀이
평양 맹아 학교를 세움.

◆ 1936년
앤 설리번이 세상을
떠남.

◆ 1937년
한국을 방문함.

1930

1940

● 1949년
교육법에 특수 학교와
특수 학급에 대한 규정을
만듦.

◆ 헬렌 켈러의 생애
● 우리나라 장애인 교육의 역사

◆ 1900년
래드클리프 대학에 입학함.

● 1918년
자신의 인생을 다룬 영화, 「해방」에 출연함.

1900 — **1910**

● 1913년
조선 총독부가 '경성 고아원'을 '제생원'이라 이름 짓고 맹아부를 만듦.

◆ 1968년
88세로 세상을 떠남.

1960 — **1970~**

● 1981년
장애인 복지를 위한 '장애인 복지법'이 만들어짐.

추천사

「새싹 인물전」을 펴내면서

　요즈음 아이들에게 '훌륭한 사람'이 누구냐고 물으면 '돈 많이 버는 사람'이라고 대답한다고 합니다. 초등학생의 태반은 가수나 배우가 되고 싶어 하고요. 돈 많이 버는 사람이나 연예인이라는 직업이 나쁘다는 것이 아니라, 아이들이 각자가 갖고 있는 재능과는 상관없이 모두 똑같은 꿈을 갖는 것 같아 걱정입니다. 또 한편으로는 아이들이 진정 마음으로 닮고 싶은 사람에 대한 정보가 부족한 것은 아닌가 하는 생각도 듭니다.

　어릴수록 위인 이야기의 힘은 큽니다. 아직 어리고 조그마한 아이들은 자신이 보잘것없다고 생각하고 위인들의 성공에 감탄합니다. 하지만 그네들에게는 끝없이 열린 미래가 있습니다. 신화처럼 빛나는 위인들의 모습은 아이들에게 훌륭한 역할 모델이 되고, 그런 삶을 살기 위해 무엇을 어떻게 해야 할지를 알려 주는 밝은 등대가 됩니다.

　그렇다면 우리가 어른으로서 아이들에게 권해야 할 위인전은 무엇일까요? 보통 우리가 생각하는 '위인'은 훌륭한 업적을 남긴

위대한 사람, 멋지고 능력 있는 사람입니다. 하지만 시대가 변했으니 아이들이 역할 모델로 삼을 수 있는 위인의 정의나 기준도 변해야 할 것입니다.

그런 의미에서 비룡소의 「새싹 인물전」은 종래의 위인전과는 다른 점이 많습니다. 시리즈 이름이 '위인전'이 아닌 '인물전'이라는 데 주목하기 바랍니다. 「새싹 인물전」은 하늘에서 빛나는 위인을 옆자리 짝꿍의 위치로 내려놓습니다. 만화 같은 친근한 일러스트는 자칫 생소할 수 있는 옛사람들의 이야기를 일상에서 만날 수 있는 재미있는 사건처럼 보여 줍니다.

또 하나, 「새싹 인물전」에는 위인전에 단골로 등장하는 태몽이나 어린 시절의 비범한 에피소드, 위인 예정설 같은 과장이 없습니다. 사실 이런 이야기들은 현대를 사는 아이들에게는 황당하고 이해하기 힘든 일일 뿐입니다. 그보다는 천 리 길도 한 걸음부터, 큰 성공도 자잘한 일상의 인내와 성실함이 없었다면 이루어질 수 없었다는 것을 알려 주는 것이 중요합니다. 세상 사람들의 우러름을 받는 이들도 여느 아이들과 같은 시절을 겪었음을 보여 줌으로써, 아이들에게 괜한 열등감을 주지 않고 그네들의 모습을 마음속에 담을 수 있도록 해 주는 것입니다.

덧붙여 위인전이란 그 인물이 얼마나 훌륭한 업적을 남겼는가 보여 주는 것도 중요하지만, 얼마나 참된 인간다움을 보였는가를 알려 줄 필요도 있습니다. 여기서 '인간다움'이란 기본적인 선함과 이해심, 남을 위해 봉사할 수 있는 사랑과 배려, 그리고 한 가지 목표를 설정하고 앞으로 나아갈 수 있는 의지와 용기를 말합니다. 성취라는 결과보다는 성취하기 위한 과정을 보여 주고, 사회적인 성공보다는 한 인간으로서 얼마나 자기 자신에게 철저하고 진실했는지를 보여 주는 것이 중요하다는 것입니다.

하지만 아무리 좋은 가르침도 사랑과 따뜻함이 없으면 억누름과 상처가 될 뿐이겠지요. 「새싹 인물전」은 나의 노력과 의지에 따라 얼마든지 의미 있는 삶을 살 수 있음을 알려 줍니다. 내가 알고 있는 삶 외에도 또 다른 삶이 존재할 수 있다는 것, 꿈을 키우고 이루어 가는 과정에서 배우고 경험하게 되는 것들의 가치, 그런 따뜻함을 담고 있는 위인전입니다. 부디 이 책이 삶의 첫발을 내딛는 아이들에게 좋은 길잡이가 되었으면 하는 바람입니다.

기획 위원

박이문(전 연세대 교수, 철학)
장영희(전 서강대 교수, 영문학)
안광복(중동고 철학 교사, 철학 박사)

● 사진 제공

48~50쪽_ 토픽 포토 에이전시. 51쪽_ 위키피디아. 53쪽_ ⓒ김민성/ 위키피디아.

글쓴이 **해리엇 캐스터**

1970년 영국 케임브리지에서 태어났다. 열두 살 때 첫 책 『뚱뚱한 고양이 Fat Puss』를 썼다. 케임브리지 대학교에서 역사를 공부했고, 펭귄 출판사에서 편집자로 일했다. 지은 책으로 『안네 프랑크』, 『클레오파트라』 등이 있다.

그린이 **닉 워드**

글도 쓰고 그림도 그리는 어린이 책 작가이다. 대표작인 『선생님 먹지 마세요! Don't Eat the Teacher!』가 전 세계에 소개되어 큰 성공을 거두었다. 그린 책으로 『마리 퀴리』, 『안데르센』 등이 있다.

옮긴이 **김경미**

연세 대학교 영어 영문학과를 졸업한 뒤 어린이 책 전문 번역가로 일하고 있다. 옮긴 책으로 『행복을 나르는 버스』, 『겁쟁이 빌리』, 『에드워드 툴레인의 신기한 여행』, 『사랑하는 아가야』, 『안데르센』 등이 있다.

새싹 인물전
018

헬렌 켈러

1판 1쇄 펴냄 2009년 5월 15일   1판 14쇄 펴냄 2020년 5월 22일
2판 1쇄 펴냄 2021년 5월 28일   2판 3쇄 펴냄 2024년 1월 18일

글쓴이 해리엇 캐스터   그린이 닉 워드   옮긴이 김경미
펴낸이 박상희   편집장 전지선   편집 이지은   디자인 박연미, 지순진
펴낸곳 (주)비룡소   출판등록 1994.3.17. (제16-849호)
주소 06027 서울시 강남구 도산대로1길 62 강남출판문화센터 4층
전화 02)515-2000 팩스 02)515-2007   홈페이지 www.bir.co.kr
제품명 어린이용 각양장 도서   제조자명 (주)비룡소   제조국명 대한민국   사용연령 3세 이상

ISBN 978-89-491-2898-6 74990
ISBN 978-89-491-2880-1 (세트)

「새싹 인물전」 시리즈

001 **최무선** 김종렬 글 이경석 그림
002 **안네 프랑크** 해리엇 캐스터 글 헬레나 오웬 그림
003 **나운규** 남찬숙 글 유승하 그림
004 **마리 퀴리** 캐런 월리스 글 닉 워드 그림
005 **유일한** 임사라 글 김홍모·임소희 그림
006 **윈스턴 처칠** 해리엇 캐스터 글 린 윌리 그림
007 **김홍도** 유타루 글 김홍모 그림
008 **토머스 에디슨** 캐런 월리스 글 피터 켄트 그림
009 **강감찬** 한정기 글 이홍기 그림
010 **마하트마 간디** 에마 피시엘 글 리처드 모건 그림
011 **세종 대왕** 김선희 글 한지선 그림
012 **클레오파트라** 해리엇 캐스터 글 리처드 모건 그림
013 **김구** 김종렬 글 이경석 그림
014 **헨리 포드** 피터 켄트 글·그림
015 **장보고** 이옥수 글 원혜진 그림
016 **모차르트** 해리엇 캐스터 글 피터 켄트 그림
017 **선덕 여왕** 남찬숙 글 한지선 그림
018 **헬렌 켈러** 해리엇 캐스터 글 닉 워드 그림
019 **김정호** 김선희 글 서영아 그림
020 **로버트 스콧** 에마 피시엘 글 데이브 맥타가트 그림
021 **방정환** 유타루 글 이경석 그림
022 **나이팅게일** 에마 피시엘 글 피터 켄트 그림
023 **신사임당** 이옥수 글 변영미 그림
024 **안데르센** 에마 피시엘 글 닉 워드 그림
025 **김만덕** 공지희 글 장차현실 그림
026 **셰익스피어** 에마 피시엘 글 마틴 렘프리 그림
027 **안중근** 남찬숙 글 곽성화 그림
028 **카이사르** 에마 피시엘 글 레슬리 뷔시커 그림
029 **백남준** 공지희 글 김수박 그림
030 **파스퇴르** 캐런 월리스 글 레슬리 뷔시커 그림

031 **유관순** 유은실 글 곽성화 그림
032 **알렉산더 벨** 에마 피시엘 글 레슬리 뷔시커 그림
033 **윤봉길** 김선희 글 김홍모·임소희 그림
034 **루이 브라유** 테사 포터 글 헬레나 오웬 그림
035 **정약용** 김은미 글 홍선주 그림
036 **제임스 와트** 니컬라 백스터 글 마틴 렘프리 그림
037 **장영실** 유타루 글 이경석 그림
038 **마틴 루서 킹** 베르나 윌킨스 글 린 윌리 그림
039 **허준** 유타루 글 이홍기 그림
040 **라이트 형제** 김종렬 글 안희건 그림
041 **박에스더** 이은정 글 곽성화 그림
042 **주몽** 김종렬 글 김홍모 그림
043 **광개토 대왕** 김종렬 글 탁영호 그림
044 **박지원** 김종렬 글 백보현 그림
045 **허난설헌** 김은미 글 유승하 그림
046 **링컨** 이명랑 글 오승민 그림
047 **정주영** 남경완 글 임소희 그림
048 **이호왕** 이영서 글 김홍모 그림
049 **어밀리아 에어하트** 조중숙 글 원혜진 그림
050 **최은희** 김혜연 글 한지선 그림
051 **주시경** 이은정 글 김혜리 그림
052 **이태영** 공지희 글 민은정 그림
053 **이순신** 김종렬 글 백보현 그림
054 **오드리 헵번** 이은정 글 정진희 그림
055 **제인 구달** 유은실 글 서영아 그림
056 **가브리엘 샤넬** 김선희 글 민은정 그림
057 **장 앙리 파브르** 유타루 글 하민석 그림
058 **정조 대왕** 김종렬 글 민은정 그림
059 **나폴레옹 보나파르트** 남찬숙 글 남궁선하 그림
060 **이종욱** 이은정 글 우지현 그림

061	**박완서**	유은실 글 이윤희 그림
062	**장기려**	유타루 글 정문주 그림
063	**김대건**	전현정 글 홍선주 그림
064	**권기옥**	강정연 글 오영은 그림
065	**왕가리 마타이**	남찬숙 글 윤정미 그림
066	**전형필**	김혜연 글 한지선 그림
067	**이중섭**	김유 글 김홍모 그림
068	**그레이스 호퍼**	박주혜 글 이해정 그림

* 계속 출간됩니다.